PRÉFACE

La collection de guides de conversation "Tout ira bien!", publié par T&P Books, est conçue pour les gens qui voyagent par affaire ou par plaisir. Les guides de conversations contiennent le plus important - l'essentiel pour la communication de base. Il s'agit d'une série indispensable de phrases pour survivre à l'étranger.

Ce guide de conversation vous aidera dans la plupart des cas où vous devez demander quelque chose, trouver une direction, découvrir le prix d'un souvenir, etc. Il peut aussi résoudre des situations de communication difficile lorsque la gesticulation n'aide pas.

Ce livre contient beaucoup de phrases qui ont été groupées par thèmes. Vous trouverez aussi un mini dictionnaire avec des mots utiles - les nombres, le temps, le calendrier, les couleurs...

Emmenez avec vous un guide de conversation "Tout ira bien!" sur la route et vous aurez un compagnon de voyage irremplaçable qui vous aidera à vous sortir de toutes les situations et vous enseignera à ne pas avoir peur de parler aux étrangers.

TABLE DES MATIÈRES

T&P Books Publishing

T&P Books Publishing

GUIDE DE CONVERSATION
— CORÉEN —

Par Andrey Taranov

LES PHRASES LES PLUS UTILES

Ce guide de conversation contient les phrases et les questions les plus communes et nécessaires pour communiquer avec des étrangers

T&P BOOKS

Guide de conversation + dictionnaire de 250 mots

Guide de conversation Français-Coréen et mini dictionnaire de 250 mots

Par Andrey Taranov

La collection de guides de conversation "Tout ira bien!", publiée par T&P Books, est conçue pour les gens qui voyagent par affaire ou par plaisir. Les guides contiennent l'essentiel pour la communication de base. Il s'agit d'une série indispensable de phrases pour "survivre" à l'étranger.

Vous trouverez aussi un mini dictionnaire de 250 mots utiles, nécessaire à la communication quotidienne - le nom des mois, des jours, les unités de mesure, les membres de la famille, et plus encore.

T&P Books Publishing
www.tpbooks.com

ISBN: 978-1-78616-774-3

Ce livre existe également en format électronique.
Pour plus d'informations, veuillez consulter notre site: www.tpbooks.com ou rendez-vous sur ceux des grandes librairies en ligne.

PRONONCIATION

Lettre	Exemple en coréen	Alphabet phonétique T&P	Exemple en français

Consonnes

ㄱ [1]	개	[k]	bocal
ㄱ [2]	아기	[g]	gris
ㄲ	껌	[k]	[k] appuyé
ㄴ	눈	[n]	ananas
ㄷ [3]	달	[t]	tennis
ㄷ [4]	사다리	[d]	document
ㄸ	딸	[t]	[t] appuyé
ㄹ [5]	라디오	[r]	racine, rouge
ㄹ [6]	십팔	[l]	vélo
ㅁ	문	[m]	minéral
ㅂ [7]	봄	[p]	panama
ㅂ [8]	아버지	[b]	bureau
ㅃ	빵	[p]	[p] appuyé
ㅅ [9]	실	[s]	syndicat
ㅅ [10]	옷	[t]	tennis
ㅆ	쌀	[ja:]	diamant
ㅇ [11]	강	[ŋg]	anglais - single, russe - динго
ㅈ [12]	집	[tɕ]	Tchèque
ㅈ [13]	아주	[dʑ]	jean
ㅉ	짬	[tɕ]	[tch] appuyé
ㅊ	차	[tɕh]	[tsch] aspiré
ㅌ	택시	[th]	[t] aspiré
ㅋ	칼	[kh]	[k] aspiré
ㅍ	포도	[ph]	[p] aspiré
ㅎ	한국	[h]	[h] aspiré

Lettre	Exemple en coréen	Alphabet phonétique T&P	Exemple en français

Voyelles et combinaisons de voyelles

Lettre	Exemple en coréen	Alphabet phonétique T&P	Exemple en français
ㅏ	사	[a]	classe
ㅑ	향	[ja]	caviar
ㅓ	머리	[ʌ]	carotte
ㅕ	병	[jɑ]	familial
ㅗ	몸	[o]	normal
ㅛ	표	[jɔ]	pavillon
ㅜ	물	[u]	boulevard
ㅠ	슈퍼	[ju]	voyou
ㅡ	음악	[ɪ]	capital
ㅣ	길	[i], [iː]	faillite
ㅐ	뱀	[ɛ], [ɛː]	arène
ㅒ	애기	[je]	conseiller
ㅔ	펜	[e]	équipe
ㅖ	계산	[je]	conseiller
ㅘ	왕	[wa]	réservoir
ㅙ	왜	[ʊə]	trouée
ㅚ	회의	[ø], [we]	peu, web
ㅝ	권	[uɔ]	duo
ㅞ	웬	[ʊə]	trouée
ㅟ	쥐	[wi]	kiwi
ㅢ	거의	[ɯi]	combinaison [ɪi]

Remarques

[1] au début d'un mot
[2] entre des sons voisés
[3] au début d'un mot
[4] entre des sons voisés
[5] en début de syllabe
[6] en fin de syllabe
[7] au début d'un mot
[8] entre des sons voisés
[9] en début de syllabe
[10] en fin de syllabe
[11] en fin de syllabe
[12] au début d'un mot
[13] entre des sons voisés

LISTE DES ABRÉVIATIONS

Abréviations en français

adj	-	adjective
adv	-	adverbe
anim.	-	animé
conj	-	conjonction
dénombr.	-	dénombrable
etc.	-	et cetera
f	-	nom féminin
f pl	-	féminin pluriel
fam.	-	familiar
fem.	-	féminin
form.	-	formal
inanim.	-	inanimé
indénombr.	-	indénombrable
m	-	nom masculin
m pl	-	masculin pluriel
m, f	-	masculin, féminin
masc.	-	masculin
math	-	mathematics
mil.	-	militaire
pl	-	pluriel
prep	-	préposition
pron	-	pronom
qch	-	quelque chose
qn	-	quelqu'un
sing.	-	singulier
v aux	-	verbe auxiliaire
v imp	-	verbe impersonnel
vi	-	verbe intransitif
vi, vt	-	verbe intransitif, transitif
vp	-	verbe pronominal
vt	-	verbe transitif

T&P BOOKS

GUIDE DE CONVERSATION CORÉEN

Cette section contient
des phrases importantes
qui peuvent être utiles dans
des situations courantes.
Le guide vous aidera
à demander des directions,
clarifier le prix, acheter
des billets et commander
des plats au restaurant

T&P Books Publishing

CONTENU DU GUIDE DE CONVERSATION

T&P Books Publishing

Les essentiels

Excusez-moi, ...
실례합니다, ···
sil-lye-ham-ni-da, ...

Bonjour
안녕하세요.
an-nyeong-ha-se-yo.

Merci
감사합니다.
gam-sa-ham-ni-da.

Au revoir
안녕히 계세요.
an-nyeong-hi gye-se-yo.

Oui
네.
ne.

Non
아니오.
a-ni-o.

Je ne sais pas.
모르겠어요.
mo-reu-ge-seo-yo.

Où? | Où? | Quand?
어디예요? | 어디까지 가세요? |
언제요?
eo-di-ye-yo? | eo-di-kka-ji ga-se-yo? |
eon-je-yo?

J'ai besoin de ...
··· 필요해요.
... pi-ryo-hae-yo.

Je veux ...
··· 싶어요.
... si-peo-yo.

Avez-vous ... ?
··· 있으세요?
... i-seu-se-yo?

Est-ce qu'il y a ... ici?
여기 ··· 있어요?
yeo-gi ... i-seo-yo?

Puis-je ... ?
···해도 되나요?
... hae-do doe-na-yo?

s'il vous plaît (pour une demande)
···, 부탁합니다.
..., bu-tak-am-ni-da.

Je cherche ...
··· 찾고 있어요.
... chat-go i-seo-yo.

les toilettes
화장실
hwa-jang-sil

un distributeur
현금인출기
hyeon-geum-in-chul-gi

une pharmacie
약국
yak-guk

l'hôpital
병원
byeong-won

le commissariat de police
경찰서
gyeong-chal-seo

---

une station de métro	지하철 ji-ha-cheol
un taxi	택시 taek-si
la gare	기차역 gi-cha-yeok

Je m'appelle ...	제 이름은 ··· 입니다. je i-reu-meun ... im-ni-da.
Comment vous appelez-vous?	성함이 어떻게 되세요? seong-ham-i eo-tteo-ke doe-se-yo?
Aidez-moi, s'il vous plaît.	도와주세요. do-wa-ju-se-yo.
J'ai un problème.	문제가 있어요. mun-je-ga i-seo-yo.
Je ne me sens pas bien.	몸이 안 좋아요. mom-i an jo-a-yo.
Appelez une ambulance!	구급차를 불러 주세요! gu-geup-cha-reul bul-leo ju-se-yo!
Puis-je faire un appel?	전화를 써도 되나요? jeon-hwa-reul sseo-do doe-na-yo?

Excusez-moi.	죄송합니다. joe-song-ham-ni-da.
Je vous en prie.	천만에요. cheon-man-e-yo.

je, moi	저 jeo
tu, toi	너 neo
il	그 geu
elle	그녀 geu-nyeo
ils	그들 geu-deul
elles	그들 geu-deul
nous	우리 u-ri
vous	너희 neo-hui
Vous	당신 dang-sin

ENTRÉE	입구 ip-gu
SORTIE	출구 chul-gu
HORS SERVICE	EN PANNE	고장 go-jang

FERMÉ

닫힘
da-chim

OUVERT

열림
yeol-lim

POUR LES FEMMES

여성용
yeo-seong-yong

POUR LES HOMMES

남성용
nam-seong-yong

Questions

Où? (lieu)	어디예요? eo-di-ye-yo?
Où? (direction)	어디까지 가세요? eo-di-kka-ji ga-se-yo?
D'où?	어디에서요? eo-di-e-seo-yo?
Pourquoi?	왜요? wae-yo?
Pour quelle raison?	무슨 이유에서요? mu-seun i-yu-e-seo-yo?
Quand?	언제요? eon-je-yo?
Combien de temps?	얼마나요? eol-ma-na-yo?
À quelle heure?	몇 시에요? myeot si-e-yo?
C'est combien?	얼마예요? eol-ma-ye-yo?
Avez-vous ... ?	… 있으세요? … i-seu-se-yo?
Où est ..., s'il vous plaît?	… 어디 있어요? … eo-di i-seo-yo?
Quelle heure est-il?	지금 몇 시예요? ji-geum myeot si-ye-yo?
Puis-je faire un appel?	전화를 써도 되나요? jeon-hwa-reul sseo-do doe-na-yo?
Qui est là?	누구세요? nu-gu-se-yo?
Puis-je fumer ici?	담배를 피워도 되나요? dam-bae-reul pi-wo-do doe-na-yo?
Puis-je ...?	… 되나요? … doe-na-yo?

Besoins

Je voudrais ...
··· 하고 싶어요.
... ha-go si-peo-yo.

Je ne veux pas ...
··· 하기 싫어요.
... ha-gi si-reo-yo.

J'ai soif.
목이 말라요.
mo-gi mal-la-yo.

Je veux dormir.
자고 싶어요.
ja-go si-peo-yo.

Je veux ...
··· 싶어요.
... si-peo-yo.

me laver
씻고
ssit-go

brosser mes dents
이를 닦고
i-reul dak-go

me reposer un instant
쉬고
swi-go

changer de vêtements
옷을 갈아입고
os-eul ga-ra-ip-go

retourner à l'hôtel
호텔로 돌아가고
ho-tel-lo do-ra-ga-go

acheter ...
··· 사고
... sa-go

aller à ...
···에 가고
...e ga-go

visiter ...
···에 방문하고
...e bang-mun-ha-go

rencontrer ...
··· 만나고
... man-na-go

faire un appel
전화를 걸고
jeon-hwa-reul geol-go

Je suis fatigué /fatiguée/
저는 지쳤어요.
jeo-neun ji-chyeo-seo-yo.

Nous sommes fatigués /fatiguées/
우리는 지쳤어요.
u-ri-neun ji-chyeo-seo-yo.

J'ai froid.
추워요.
chu-wo-yo.

J'ai chaud.
더워요.
deo-wo-yo.

Je suis bien.
괜찮아요.
gwaen-cha-na-yo.

Il me faut faire un appel.

전화를 걸어야 해요.
jeon-hwa-reul geo-reo-ya hae-yo.

J'ai besoin d'aller aux toilettes.

화장실에 가야 해요.
hwa-jang-si-re ga-ya hae-yo.

Il faut que j'aille.

가야 해요.
ga-ya hae-yo.

Je dois partir maintenant.

지금 가야 해요.
ji-geum ga-ya hae-yo.

Comment demander la direction

Excusez-moi, ...

실례합니다, …
sil-lye-ham-ni-da, ...

Où est ..., s'il vous plaît?

… 어디 있어요?
... eo-di i-seo-yo?

Dans quelle direction est ... ?

… 어느 쪽이예요?
... eo-neu jjo-gi-ye-yo?

Pouvez-vous m'aider, s'il vous plaît ?

도와주실 수 있어요?
do-wa-ju-sil su i-seo-yo?

Je cherche ...

… 찾고 있어요.
... chat-go i-seo-yo.

La sortie, s'il vous plaît?

출구를 찾고 있어요.
chul-gu-reul chat-go i-seo-yo.

Je vais à ...

…에 가고 있어요.
... e ga-go i-seo-yo.

C'est la bonne direction pour ...?

…에 가는데 이 길이 맞아요?
...e ga-neun-de i gi-ri ma-ja-yo?

C'est loin?

먼가요?
meon-ga-yo?

Est-ce que je peux y aller à pied?

걸어갈 수 있어요?
geo-reo-gal su i-seo-yo?

Pouvez-vous me le montrer sur la carte?

지도에서 보여주실 수 있어요?
ji-do-e-seo bo-yeo-ju-sil su i-seo-yo?

Montrez-moi où sommes-nous,
s'il vous plaît.

지금 우리가 있는 곳을
보여주세요.
ji-geum u-ri-ga in-neun gos-eul
bo-yeo-ju-se-yo.

Ici

여기
yeo-gi

Là-bas

거기
geo-gi

Par ici

이 길
i gil

Tournez à droite.

오른쪽으로 가세요.
o-reun-jjo-geu-ro ga-se-yo.

Tournez à gauche.

왼쪽으로 가세요.
oen-jjo-geu-ro ga-se-yo.

Prenez la première
(deuxième, troisième) rue.

첫 번째 (두 번째,
세 번째) 골목
cheot beon-jjae (du beon-jjae,
se beon-jjae) gol-mok

à droite

오른쪽으로
o-reun-jjo-geu-ro

à gauche

왼쪽으로
oen-jjo-geu-ro

Continuez tout droit.

직진하세요.
jik-jin-ha-se-yo.

Affiches, Pancartes

BIENVENUE!	환영! hwa-nyeong!
ENTRÉE	입구 ip-gu
SORTIE	출구 chul-gu
POUSSEZ	미세요 mi-se-yo
TIREZ	당기세요 dang-gi-se-yo
OUVERT	열림 yeol-lim
FERMÉ	닫힘 da-chim
POUR LES FEMMES	여성용 yeo-seong-yong
POUR LES HOMMES	남성용 nam-seong-yong
MESSIEURS (m)	남성 (남) nam-seong (nam)
FEMMES (f)	여성 (여) yeo-seong (yeo)
RABAIS | SOLDES	할인 ha-rin
PROMOTION	세일 se-il
GRATUIT	무료 mu-ryo
NOUVEAU!	신상품! sin-sang-pum!
ATTENTION!	주의! ju-ui!
COMPLET	빈 방 없음 bin bang eop-seum
RÉSERVÉ	예약석 ye-yak-seok
ADMINISTRATION	사무실 sa-mu-sil
PERSONNEL SEULEMENT	직원 전용 ji-gwon jeo-nyong

ATTENTION AU CHIEN!

개조심!
gae-jo-sim!

NE PAS FUMER!

금연!
geu-myeon!

NE PAS TOUCHER!

만지지 마세요!
man-ji-ji ma-se-yo!

DANGEREUX

위험
wi-heom

DANGER

위험
wi-heom

HAUTE TENSION

고압 전류
go-ap jeol-lyu

BAIGNADE INTERDITE!

수영금지!
su-yeong-geum-ji!

HORS SERVICE | EN PANNE

고장
go-jang

INFLAMMABLE

가연성
ga-yeon-seong

INTERDIT

금지
geum-ji

ENTRÉE INTERDITE!

무단횡단 금지
mu-dan-hoeng-dan geum-ji

PEINTURE FRAÎCHE

젖은 페인트
jeo-jeun pe-in-teu

FERMÉ POUR TRAVAUX

공사중
gong-sa-jung

TRAVAUX EN COURS

전방 공사중
jeon-bang gong-sa-jung

DÉVIATION

우회 도로
u-hoe do-ro

Transport - Phrases générales

avion	비행기 bi-haeng-gi
train	기차 gi-cha
bus, autobus	버스 beo-seu
ferry	페리 pe-ri
taxi	택시 taek-si
voiture	자동차 ja-dong-cha
horaire	시간표 si-gan-pyo
Où puis-je voir l'horaire?	시간표는 어디서 볼 수 있어요? si-gan-pyo-neun eo-di-seo bol su i-seo-yo?
jours ouvrables	평일 pyeong-il
jours non ouvrables	주말 ju-mal
jours fériés	휴일 hyu-il
DÉPART	출발 chul-bal
ARRIVÉE	도착 do-chak
RETARDÉE	지연 ji-yeon
ANNULÉE	취소 chwi-so
prochain (train, etc.)	다음 da-eum
premier	첫 번째 cheot beon-jjae
dernier	마지막 ma-ji-mak

À quelle heure est le prochain ...?   다음 … 언제인가요?
da-eum ... eon-je-in-ga-yo?

À quelle heure est le premier ...?   첫 … 언제인가요?
cheot ... eon-je-in-ga-yo?

À quelle heure est le dernier ...?   마지막 … 언제인가요?
ma-ji-mak ... eon-je-in-ga-yo?

---

correspondance   환승
hwan-seung

prendre la correspondance   환승하다
hwan-seung-ha-da

Dois-je prendre la correspondance?   환승해야 해요?
hwan-seung-hae-ya hae-yo?

Acheter un billet

Où puis-je acheter des billets?	표는 어디서 사나요? pyo-neun eo-di-seo sa-na-yo?
billet	표 pyo
acheter un billet	표를 사다 pyo-reul sa-da
le prix d'un billet	표 가격 pyo ga-gyeok
Pour aller où?	어디까지 가세요? eo-di-kka-ji ga-se-yo?
Quelle destination?	어느 역까지 가세요? eo-neu yeok-kka-ji ga-se-yo?
Je voudrais ...	⋯ 필요해요. ... pi-ryo-hae-yo.
un billet	표 한 장 pyo han jang
deux billets	표 두 장 pyo du jang
trois billets	표 세 장 pyo se jang
aller simple	편도 pyeon-do
aller-retour	왕복 wang-bok
première classe	일등석 il-deung-seok
classe économique	이등석 i-deung-seok
aujourd'hui	오늘 o-neul
demain	내일 nae-il
après-demain	모레 mo-re
dans la matinée	아침에 a-chim-e
l'après-midi	오후에 o-hu-e
dans la soirée	저녁에 jeo-nyeo-ge

siège côté couloir

복도 좌석
bok-do jwa-seok

siège côté fenêtre

창가 좌석
chang-ga jwa-seok

C'est combien?

얼마예요?
eol-ma-ye-yo?

Puis-je payer avec la carte?

신용카드 돼요?
si-nyong-ka-deu dwae-yo?

L'autobus

bus, autobus
버스
beo-seu

autocar
시외버스
si-oe-beo-seu

arrêt d'autobus
버스 정류장
beo-seu jeong-nyu-jang

Où est l'arrêt d'autobus le plus proche?
가까운 버스 정류장이
어디예요?
ga-kka-un beo-seu jeong-nyu-jang-i
eo-di-ye-yo?

numéro
번호
beon-ho

Quel bus dois-je prendre pour aller à ...?
···에 가려면 어느 버스를
타야 해요?
... e ga-ryeo-myeon eo-neu beo-seu-reul
ta-ya hae-yo?

Est-ce que ce bus va à ...?
이 버스 ··· 가요?
i beo-seu ... ga-yo?

L'autobus passe tous les combien?
버스는 얼마나 자주 와요?
beo-seu-neun eol-ma-na ja-ju wa-yo?

chaque quart d'heure
십오 분 마다
si-bo bun ma-da

chaque demi-heure
삼십 분 마다
sam-sip bun ma-da

chaque heure
한 시간 마다
han si-gan ma-da

plusieurs fois par jour
하루에 여러 번
ha-ru-e yeo-reo beon

... fois par jour
하루에 ···번
ha-ru-e ...beon

horaire
시간표
si-gan-pyo

Où puis-je voir l'horaire?
시간표는 어디서 볼 수
있어요?
si-gan-pyo-neun eo-di-seo bol su
i-seo-yo?

À quelle heure passe le prochain bus?
다음 버스는 언제인가요?
da-eum beo-seu-neun eon-je-in-ga-yo?

À quelle heure passe le premier bus?
첫 버스는 언제인가요?
cheot beo-seu-neun eon-je-in-ga-yo?

À quelle heure passe le dernier bus?

마지막 버스는
언제인가요?
ma-ji-mak beo-seu-neun
eon-je-in-ga-yo?

arrêt

정류장
jeong-nyu-jang

prochain arrêt

다음 정류장
da-eum jeong-nyu-jang

terminus

종점
jong-jeom

Pouvez-vous arrêter ici, s'il vous plaît.

여기에 세워 주세요.
yeo-gi-e se-wo ju-se-yo.

Excusez-moi, c'est mon arrêt.

실례합니다, 저 여기서
내려요.
sil-lye-ham-ni-da, jeo yeo-gi-seo
nae-ryeo-yo.

Train

train
기차
gi-cha

train de banlieue
교외 전차
gyo-oe jeon-cha

train de grande ligne
장거리 기차
jang-geo-ri gi-cha

la gare
기차역
gi-cha-yeok

Excusez-moi, où est la sortie vers les quais?
실례합니다, 플랫폼으로 가는 출구가 어디인가요?
sil-lye-ham-ni-da, peul-laet-po-meu-ro ga-neun chul-gu-ga eo-di-in-ga-yo?

Est-ce que ce train va à ...?
이 기차 …에 가요?
i gi-cha ...e ga-yo?

le prochain train
다음 기차
da-eum gi-cha

À quelle heure est le prochain train?
다음 기차는 언제인가요?
da-eum gi-cha-neun eon-je-in-ga-yo?

Où puis-je voir l'horaire?
시간표는 어디서 볼 수 있어요?
si-gan-pyo-neun eo-di-seo bol su i-seo-yo?

De quel quai?
어느 플랫폼에서 출발해요?
eo-neu peul-laet-pom-e-seo chul-bal-hae-yo?

À quelle heure arrive le train à ...?
기차가 …에 언제 도착해요?
gi-cha-ga ...e eon-je do-chak-ae-yo?

Pouvez-vous m'aider, s'il vous plaît?
도와주세요.
do-wa-ju-se-yo.

Je cherche ma place.
제 좌석을 찾고 있어요.
je jwa-seo-geul chat-go i-seo-yo.

Nous cherchons nos places.
우리 좌석을 찾고 있어요.
u-ri jwa-seo-geul chat-go i-seo-yo.

Ma place est occupée.
제 좌석에 다른 사람이 있어요.
je jwa-seo-ge da-reun sa-ram-i i-seo-yo.

Nos places sont occupées.
우리 좌석에 다른 사람이 있어요.
u-ri jwa-seo-ge da-reun sa-ram-i i-seo-yo.

Excusez-moi, mais c'est ma place.

죄송하지만 여긴 제
좌석이에요.
joe-song-ha-ji-man nyeo-gin je
jwa-seo-gi-ye-yo.

Est-ce que cette place est libre?

이 좌석 비었나요?
i jwa-seok bi-eon-na-yo?

Puis-je m'asseoir ici?

여기 앉아도 되나요?
yeo-gi an-ja-do doe-na-yo?

Sur le train - Dialogue (Pas de billet)

Votre billet, s'il vous plaît.

표 보여주세요.
pyo bo-yeo-ju-se-yo.

Je n'ai pas de billet.

표가 없어요.
pyo-ga eop-seo-yo.

J'ai perdu mon billet.

표를 잃어버렸어요.
pyo-reul ri-reo-beo-ryeo-seo-yo.

J'ai oublié mon billet à la maison.

표를 집에 두고 왔어요.
pyo-reul ji-be du-go wa-seo-yo.

Vous pouvez m'acheter un billet.

저한테 표를 사실 수 있어요.
jeo-han-te pyo-reul sa-sil su i-seo-yo.

Vous devrez aussi payer une amende.

벌금도 내셔야 해요.
beol-geum-do nae-syeo-ya hae-yo.

D'accord.

알았어요.
a-ra-seo-yo.

Où allez-vous?

어디까지 가세요?
eo-di-kka-ji ga-se-yo?

Je vais à ...

···에 가고 있어요.
... e ga-go i-seo-yo.

Combien? Je ne comprend pas.

얼마예요? 못 알아들었어요.
eol-ma-ye-yo? mot a-ra-deu-reo-seo-yo.

Pouvez-vous l'écrire, s'il vous plaît.

적어 주세요.
jeo-geo ju-se-yo.

D'accord. Puis-je payer avec la carte?

알았어요. 신용카드 돼요?
a-ra-seo-yo. si-nyong-ka-deu dwae-yo?

Oui, bien sûr.

네, 돼요.
ne, dwae-yo.

Voici votre reçu.

영수증 여기 있어요.
yeong-su-jeung yeo-gi i-seo-yo.

Désolé pour l'amende.

벌금을 내게 되어서
유감이예요.
beol-geu-meul lae-ge doe-eo-seo
yu-gam-i-ye-yo.

Ça va. C'est de ma faute.

괜찮아요. 제 잘못이예요.
gwaen-cha-na-yo. je jal-mo-si-ye-yo.

Bon voyage.

즐거운 여행 되세요.
jeul-geo-un nyeo-haeng doe-se-yo.

Taxi

taxi
택시
taek-si

chauffeur de taxi
택시 운전사
taek-si un-jeon-sa

prendre un taxi
택시를 잡다
taek-si-reul jap-da

arrêt de taxi
택시 정류장
taek-si jeong-nyu-jang

Où puis-je trouver un taxi?
어디서 택시를 탈 수 있어요?
eo-di-seo taek-si-reul tal su i-seo-yo?

appeler un taxi
택시를 부르다.
taek-si-reul bu-reu-da.

Il me faut un taxi.
택시가 필요해요.
taek-si-ga pi-ryo-hae-yo.

maintenant
지금 당장.
ji-geum dang-jang.

Quelle est votre adresse?
주소가 어디예요?
ju-so-ga eo-di-ye-yo?

Mon adresse est ...
제 주소는 ⋯예요.
je ju-so-neun ...ye-yo.

Votre destination?
목적지가 어디예요?
mok-jeok-ji-ga eo-di-ye-yo?

Excusez-moi, ...
실례합니다, ⋯
sil-lye-ham-ni-da, ...

Vous êtes libre ?
타도 돼요?
ta-do dwae-yo?

Combien ça coûte pour aller à ...?
⋯까지 얼마예요?
...kka-ji eol-ma-ye-yo?

Vous savez où ça se trouve?
여기가 어딘지 아세요?
yeo-gi-ga eo-din-ji a-se-yo?

À l'aéroport, s'il vous plaît.
공항까지 가 주세요.
gong-hang-kka-ji ga ju-se-yo.

Arrêtez ici, s'il vous plaît.
여기에 세워 주세요.
yeo-gi-e se-wo ju-se-yo.

Ce n'est pas ici.
여기가 아니예요.
yeo-gi-ga a-ni-ye-yo.

C'est la mauvaise adresse.
잘못된 주소예요.
jal-mot-doen ju-so-ye-yo.

tournez à gauche
왼쪽으로 가세요.
oen-jjo-geu-ro ga-se-yo.

tournez à droite
오른쪽으로 가세요.
o-reun-jjo-geu-ro ga-se-yo.

Combien je vous dois?	얼마 내야 해요? eol-ma nae-ya hae-yo?
J'aimerais avoir un reçu, s'il vous plaît.	영수증 주세요. yeong-su-jeung ju-se-yo.
Gardez la monnaie.	잔돈은 가지세요. jan-do-neun ga-ji-se-yo.

Attendez-moi, s'il vous plaît ...	기다려 주시겠어요? gi-da-ryeo ju-si-ge-seo-yo?
cinq minutes	오분 o-bun
dix minutes	십분 sip-bun
quinze minutes	십오 분 si-bo bun
vingt minutes	이십분 i-sip-bun
une demi-heure	삼십분 sam-sip bun

Hôtel

Bonjour.
안녕하세요.
an-nyeong-ha-se-yo.

Je m'appelle ...
제 이름은 … 입니다.
je i-reu-meun … im-ni-da.

J'ai réservé une chambre.
예약했어요.
ye-yak-ae-seo-yo.

Je voudrais ...
… 필요해요.
… pi-ryo-hae-yo.

une chambre simple
싱글 룸 하나
sing-geul lum ha-na

une chambre double
더블 룸 하나
deo-beul lum ha-na

C'est combien?
저건 얼마예요?
jeo-geon eol-ma-ye-yo?

C'est un peu cher.
그건 조금 비싸요.
geu-geon jo-geum bi-ssa-yo.

Avez-vous autre chose?
다른 옵션 있어요?
da-reun op-syeon i-seo-yo?

Je vais la prendre.
그걸로 할게요.
geu-geol-lo hal-ge-yo.

Je vais payer comptant.
현금으로 낼게요.
hyeon-geu-meu-ro nael-ge-yo.

J'ai un problème.
문제가 있어요.
mun-je-ga i-seo-yo

Mon ... est cassé /Ma ... est cassée/
제 … 망가졌어요.
je ... mang-ga-jyeo-seo-yo.

Mon /Ma/ ... ne fonctionne pas.
제 … 고장났어요.
je ... go-jang-na-seo-yo.

télé
텔레비전
tel-le-bi-jeon

air conditionné
에어컨
e-eo-keon

robinet
수도꼭지
su-do-kkok-ji

douche
샤워기
sya-wo-gi

évier
세면대
se-myeon-dae

coffre-fort
금고
geum-go

serrure de porte

도어락
do-eo-rak

prise électrique

콘센트
kon-sen-teu

sèche-cheveux

헤어 드라이어
he-eo deu-ra-i-eo

Je n'ai pas ...

··· 안 나와요.
... an na-wa-yo.

d'eau

물
mul

de lumière

전등
jeon-deung

d'électricité

전기
jeon-gi

Pouvez-vous me donner ...?

··· 주실 수 있어요?
... ju-sil su i-seo-yo?

une serviette

수건
su-geon

une couverture

담요
da-myo

des pantoufles

슬리퍼
seul-li-peo

une robe de chambre

가운
ga-un

du shampoing

샴푸
syam-pu

du savon

비누
bi-nu

Je voudrais changer ma chambre.

방을 바꾸고 싶어요.
bang-eul ba-kku-go si-peo-yo.

Je ne trouve pas ma clé.

열쇠를 못 찾겠어요.
yeol-soe-reul mot chat-ge-seo-yo.

Pourriez-vous ouvrir ma chambre,
s'il vous plaît?

제 방 문을 열어주실
수 있어요?
je bang mu-neul ryeo-reo-ju-sil
su i-seo-yo?

Qui est là?

누구세요?
nu-gu-se-yo?

Entrez!

들어오세요!
deu-reo-o-se-yo!

Une minute!

잠깐만요!
jam-kkan-ma-nyo!

Pas maintenant, s'il vous plaît.

지금 당장은 안돼요.
ji-geum dang-jang-eun an-dwae-yo.

Pouvez-vous venir à ma chambre,
s'il vous plaît.

제 방으로 와 주세요.
je bang-eu-ro wa ju-se-yo.

J'aimerais avoir le service d'étage.

룸서비스를 받고 싶어요.
rum-seo-bi-seu-reul bat-go si-peo-yo.

Mon numéro de chambre est le ...

제 방 번호는 ···예요.
je bang beon-ho-neun ...ye-yo.

Je pars ...

저는 ···에 떠나요.
jeo-neun ... e tteo-na-yo.

Nous partons ...

우리는 ···에 떠나요.
u-ri-neun ...e tteo-na-yo.

maintenant

지금 당장
ji-geum dang-jang

cet après-midi

오늘 오후
o-neul ro-hu

ce soir

오늘밤
o-neul-bam

demain

내일
nae-il

demain matin

내일 아침
nae-il ra-chim

demain après-midi

내일 저녁
nae-il jeo-nyeok

après-demain

모레
mo-re

Je voudrais régler mon compte.

계산하고 싶어요.
gye-san-ha-go si-peo-yo.

Tout était merveilleux.

전부 다 아주 좋았어요.
jeon-bu da a-ju jo-a-seo-yo.

Où puis-je trouver un taxi?

어디서 택시를 탈 수 있어요?
eo-di-seo taek-si-reul tal su i-seo-yo?

Pourriez-vous m'appeler un taxi,
s'il vous plaît?

택시 불러주실 수 있어요?
taek-si bul-leo-ju-sil su i-seo-yo?

Restaurant

Puis-je voir le menu, s'il vous plaît?	메뉴판 볼 수 있어요? me-nyu-pan bol su i-seo-yo?
Une table pour une personne.	한 명이요. han myeong-i-yo.
Nous sommes deux (trois, quatre).	두 (세, 네) 명이요. du (se, ne) myeong-i-yo.

Fumeurs	흡연 heu-byeon
Non-fumeurs	금연 geu-myeon
S'il vous plaît!	저기요! jeo-gi-yo!
menu	메뉴판 me-nyu-pan
carte des vins	와인 리스트 wa-in li-seu-teu
Le menu, s'il vous plaît.	메뉴판 주세요. me-nyu-pan ju-se-yo.

Êtes-vous prêts à commander?	주문하시겠어요? ju-mun-ha-si-ge-seo-yo?
Qu'allez-vous prendre?	어떤 걸로 하시겠어요? eo-tteon geol-lo ha-si-ge-seo-yo?
Je vais prendre ...	저는 ··· 할게요. jeo-neun ... hal-ge-yo.

Je suis végétarien.	저는 채식주의자예요. jeo-neun chae-sik-ju-ui-ja-ye-yo.
viande	고기 go-gi
poisson	생선 saeng-seon
légumes	채소 chae-so

Avez-vous des plats végétariens?	채식 메뉴 있어요? chae-sik me-nyu i-seo-yo?
Je ne mange pas de porc.	돼지고기 못 먹어요. dwae-ji-go-gi mot meo-geo-yo.
Il /elle/ ne mange pas de viande.	그는 /그녀는/ 고기 못 드세요. geu-neun /geu-nyeo-neun/ go-gi mot deu-se-yo.

Je suis allergique à ...

저 …에 알러지 있어요.
jeo ...e al-leo-ji i-seo-yo.

Pourriez-vous m'apporter ...,
s'il vous plaît.

… 가져다 주시겠어요?
... ga-jyeo-da ju-si-ge-seo-yo?

le sel | le poivre | du sucre

소금 | 후추 | 설탕
so-geum | hu-chu | seol-tang

un café | un thé | un dessert

커피 | 차 | 디저트
keo-pi | cha | di-jeo-teu

de l'eau | gazeuse | plate

물 | 탄산수 | 생수
mul | tan-san-su | saeng-su

une cuillère | une fourchette | un couteau

숟가락 | 포크 | 나이프
sut-ga-rak | po-keu | na-i-peu

une assiette | une serviette

앞접시 | 휴지
ap-jeop-si | hyu-ji

Bon appétit!

맛있게 드세요!
man-nit-ge deu-se-yo!

Un de plus, s'il vous plaît.

하나 더 주세요.
ha-na deo ju-se-yo.

C'était délicieux.

아주 맛있었어요.
a-ju man-ni-seo-seo-yo.

l'addition | de la monnaie | le pourboire

계산서 | 거스름돈 | 팁
gye-san-seo | geo-seu-reum-don | tip

L'addition, s'il vous plaît.

계산서 주세요.
gye-san-seo ju-se-yo.

Puis-je payer avec la carte?

신용카드 돼요?
si-nyong-ka-deu dwae-yo?

Excusez-moi, je crois qu'il y a une
erreur ici.

죄송한데 여기
잘못됐어요.
joe-song-han-de yeo-gi
jal-mot-dwae-seo-yo.

Shopping. Faire les Magasins

Est-ce que je peux vous aider?
도와드릴까요?
do-wa-deu-ril-kka-yo?

Avez-vous … ?
··· 있으세요?
… i-seu-se-yo?

Je cherche …
··· 찾고 있어요.
… chat-go i-seo-yo.

Il me faut …
··· 필요해요.
… pi-ryo-hae-yo.

Je regarde seulement, merci.
그냥 구경중이예요.
geu-nyang gu-gyeong-jung-i-ye-yo.

Nous regardons seulement, merci.
우리 그냥 구경중이예요.
u-ri geu-nyang gu-gyeong-jung-i-ye-yo.

Je reviendrai plus tard.
나중에 다시 올게요.
na-jung-e da-si ol-ge-yo.

On reviendra plus tard.
우리 나중에 다시 올게요.
u-ri na-jung-e da-si ol-ge-yo.

Rabais | Soldes
할인 | 세일
ha-rin | se-il

Montrez-moi, s'il vous plaît …
··· 보여주세요.
… bo-yeo-ju-se-yo.

Donnez-moi, s'il vous plaît …
··· 주세요.
… ju-se-yo.

Est-ce que je peux l'essayer?
입어봐도 돼요?
i-beo-bwa-do dwae-yo?

Excusez-moi, où est la cabine d'essayage?
실례합니다, 피팅 룸 어디 있어요?
sil-lye-ham-ni-da, pi-ting num eo-di i-seo-yo?

Quelle couleur aimeriez-vous?
다른 색도 있어요?
da-reun saek-do i-seo-yo?

taille | longueur
사이즈 | 길이
sa-i-jeu | gi-ri

Est-ce que la taille convient ?
이거 저한테 맞아요?
i-geo jeo-han-te ma-ja-yo?

Combien ça coûte?
얼마예요?
eol-ma-ye-yo?

C'est trop cher.
너무 비싸요.
neo-mu bi-ssa-yo.

Je vais le prendre.
그걸로 할게요.
geu-geol-lo hal-ge-yo.

Excusez-moi, où est la caisse?

실례합니다, 계산 어디서
해요?

sil-lye-ham-ni-da, gye-san eo-di-seo
hae-yo?

Payerez-vous comptant ou par
carte de crédit?

현금으로 하시겠어요
카드로 하시겠어요?

hyeon-geu-meu-ro ha-si-ge-seo-yo
ka-deu-ro ha-si-ge-seo-yo?

Comptant | par carte de crédit

현금으로요 | 카드로요

hyeon-geu-meu-ro-yo | ka-deu-ro-yo

Voulez-vous un reçu?

영수증 드릴까요?

yeong-su-jeung deu-ril-kka-yo?

Oui, s'il vous plaît.

네, 주세요.

ne, ju-se-yo.

Non, ce n'est pas nécessaire.

아니오, 괜찮아요.

a-ni-o, gwaen-cha-na-yo.

Merci. Bonne journée!

감사합니다. 즐거운 하루
되세요!

gam-sa-ham-ni-da. jeul-geo-un ha-ru
doe-se-yo!

En ville

Excusez-moi, …

실례합니다, 저기요.
sil-lye-ham-ni-da, jeo-gi-yo.

Je cherche …

··· 찾고 있어요.
… chat-go i-seo-yo.

le métro

지하철
ji-ha-cheol

mon hôtel

제 호텔
je ho-tel

le cinéma

영화관
yeong-hwa-gwan

un arrêt de taxi

택시 정류장
taek-si jeong-nyu-jang

un distributeur

현금인출기
hyeon-geum-in-chul-gi

un bureau de change

환전소
hwan-jeon-so

un café internet

피씨방
pi-ssi-bang

la rue …

···로
…ro

cette place-ci

여기
yeo-gi

Savez-vous où se trouve …?

··· 어디인지 아세요?
… eo-di-in-ji a-se-yo?

Quelle est cette rue?

여기가 어디예요?
yeo-gi-ga eo-di-ye-yo?

Montrez-moi où sommes-nous,
s'il vous plaît.

지금 우리가 있는 곳을
보여주세요.
ji-geum u-ri-ga in-neun gos-eul
bo-yeo-ju-se-yo.

Est-ce que je peux y aller à pied?

걸어갈 수 있어요?
geo-reo-gal su i-seo-yo?

Avez-vous une carte de la ville?

시내 지도 있어요?
si-nae ji-do i-seo-yo?

C'est combien pour un ticket?

입장권 얼마예요?
ip-jang-gwon eol-ma-ye-yo?

Est-ce que je peux faire des photos?

사진 찍어도 돼요?
sa-jin jji-geo-do dwae-yo?

Êtes-vous ouvert?

열었어요?
yeo-reo-seo-yo?

À quelle heure ouvrez-vous?

언제 열어요?
eon-je yeo-reo-yo?

À quelle heure fermez-vous?

언제 닫아요?
eon-je da-da-yo?

L'argent

argent | 돈
don

argent liquide | 현금
hyeon-geum

des billets | 지폐
ji-pye

petite monnaie | 동전
dong-jeon

l'addition | de la monnaie | le pourboire | 계산서 | 거스름돈 | 팁
gye-san-seo | geo-seu-reum-don | tip

carte de crédit | 카드
ka-deu

portefeuille | 지갑
ji-gap

acheter | 사다
sa-da

payer | 내다
nae-da

amende | 벌금
beol-geum

gratuit | 무료
mu-ryo

Où puis-je acheter ... ? | … 어디서 살 수 있어요?
… eo-di-seo sal su i-seo-yo?

Est-ce que la banque est ouverte en ce moment? | 은행 지금 열었어요?
eun-haeng ji-geum myeo-reo-seo-yo?

À quelle heure ouvre-t-elle? | 언제 열어요?
eon-je yeo-reo-yo?

À quelle heure ferme-t-elle? | 언제 닫아요?
eon-je da-da-yo?

C'est combien? | 얼마예요?
eol-ma-ye-yo?

Combien ça coûte? | 이건 얼마예요?
i-geon eol-ma-ye-yo?

C'est trop cher. | 너무 비싸요.
neo-mu bi-ssa-yo.

Excusez-moi, où est la caisse? | 실례합니다, 계산 어디서 해요?
sil-lye-ham-ni-da, gye-san eo-di-seo hae-yo?

L'addition, s'il vous plaît.

계산서 주세요.
gye-san-seo ju-se-yo.

Puis-je payer avec la carte?

신용카드 돼요?
si-nyong-ka-deu dwae-yo?

Est-ce qu'il y a un distributeur ici?

여기 현금인출기 있어요?
yeo-gi hyeon-geum-in-chul-gi i-seo-yo?

Je cherche un distributeur.

현금 인출기를 찾고
있어요.
hyeon-geum in-chul-gi-reul chat-go
i-seo-yo.

Je cherche un bureau de change.

환전소 찾고 있어요.
hwan-jeon-so chat-go i-seo-yo.

Je voudrais changer ...

··· 환전하고 싶어요.
... hwan-jeon-ha-go si-peo-yo.

Quel est le taux de change?

환율 얼마예요?
hwa-nyul reol-ma-ye-yo?

Avez-vous besoin de mon passeport?

여권 필요해요?
yeo-gwon pi-ryo-hae-yo?

Le temps

Quelle heure est-il?	지금 몇 시예요? ji-geum myeot si-ye-yo?
Quand?	언제요? eon-je-yo?
À quelle heure?	몇 시에요? myeot si-e-yo?
maintenant | plus tard | après ...	지금 | 나중에 | ··· 이후에 ji-geum | na-jung-e | ... i-hu-e
une heure	한 시 han si
une heure et quart	한 시 십오 분 han si si-bo bun
une heure et demie	한 시 삼십 분 han si sam-sip bun
deux heures moins quart	한 시 사십오 분 han si sa-si-bo bun
un | deux | trois	한 | 두 | 세 han | du | se
quatre | cinq | six	네 | 다섯 | 여섯 ne | da-seot | yeo-seot
sept | huit | neuf	일곱 | 여덟 | 아홉 il-gop | yeo-deol | a-hop
dix | onze | douze	열 | 열한 | 열두 yeol | yeol-han | yeol-du
dans ...	··· 안에 ... an-e
cinq minutes	오분 o-bun
dix minutes	십분 sip-bun
quinze minutes	십오분 si-bo bun
vingt minutes	이십분 i-sip-bun
une demi-heure	삼십분 sam-sip bun
une heure	한 시간 han si-gan

dans la matinée	아침에 a-chim-e
tôt le matin	아침 일찍 a-chim il-jjik
ce matin	오늘 아침 o-neul ra-chim
demain matin	내일 아침 nae-il ra-chim
à midi	한낮에 han-na-je
dans l'après-midi	오후에 o-hu-e
dans la soirée	저녁에 jeo-nyeo-ge
ce soir	오늘밤 o-neul-bam
la nuit	밤에 bam-e
hier	어제 eo-je
aujourd'hui	오늘 o-neul
demain	내일 nae-il
après-demain	모레 mo-re
Quel jour sommes-nous aujourd'hui?	오늘이 무슨 요일이에요? o-neu-ri mu-seun nyo-i-ri-ye-yo?
Nous sommes ...	··· 예요. ... ye-yo.
lundi	월요일 wo-ryo-il
mardi	화요일 hwa-yo-il
mercredi	수요일 su-yo-il
jeudi	목요일 mo-gyo-il
vendredi	금요일 geu-myo-il
samedi	토요일 to-yo-il
dimanche	일요일 i-ryo-il

Salutations - Introductions

Bonjour.
안녕하세요.
an-nyeong-ha-se-yo.

Enchanté /Enchantée/
만나서 기쁩니다.
man-na-seo gi-ppeum-ni-da.

Moi aussi.
저도요.
jeo-do-yo.

Je voudrais vous présenter ...
… 소개합니다.
… so-gae-ham-ni-da.

Ravi /Ravie/ de vous rencontrer.
만나서 반갑습니다.
man-na-seo ban-gap-seum-ni-da.

Comment allez-vous?
잘 지내셨어요?
jal ji-nae-syeo-seo-yo?

Je m'appelle ...
제 이름은 … 입니다.
je i-reu-meun … im-ni-da.

Il s'appelle ...
그의 이름은 … 예요.
geu-ui i-reu-meun … ye-yo.

Elle s'appelle ...
그녀의 이름은 … 예요.
geu-nyeo-ui i-reu-meun … ye-yo.

Comment vous appelez-vous?
성함이 어떻게 되세요?
seong-ham-i eo-tteo-ke doe-se-yo?

Quel est son nom?
그분 성함이 뭐예요?
geu-bun seong-ham-i mwo-ye-yo?

Quel est son nom?
그분 성함이 뭐예요?
geu-bun seong-ham-i mwo-ye-yo?

Quel est votre nom de famille?
성이 어떻게 되세요?
seong-i eo-tteo-ke doe-se-yo?

Vous pouvez m'appeler ...
… 라고 불러 주세요.
… ra-go bul-leo ju-se-yo.

D'où êtes-vous?
어디서 오셨어요?
eo-di-seo o-syeo-seo-yo?

Je suis de ...
… 에서 왔어요.
… e-seo wa-seo-yo.

Qu'est-ce que vous faites dans la vie?
무슨 일 하세요?
mu-seun il ha-se-yo?

Qui est-ce?
이 분은 누구세요?
i bu-neun nu-gu-se-yo?

Qui est-il?
그 분은 누구세요?
geu bu-neun nu-gu-se-yo?

Qui est-elle?
그 분은 누구세요?
geu bu-neun nu-gu-se-yo?

Qui sont-ils?	그 분들은 누구세요? geu bun-deu-reun nu-gu-se-yo?
C'est ...	이 쪽은 … 예요. i jjo-geun ... ye-yo.
mon ami	제 친구 je chin-gu
mon amie	제 친구 je chin-gu
mon mari	제 남편 je nam-pyeon
ma femme	제 아내 je a-nae
mon père	제 아버지 je a-beo-ji
ma mère	제 어머니 je eo-meo-ni
mon fils	제 아들 je a-deul
ma fille	제 딸 je ttal
C'est notre fils.	이 쪽은 우리 아들이예요. i jjo-geun u-ri a-deu-ri-ye-yo.
C'est notre fille.	이 쪽은 우리 딸이예요. i jjo-geun u-ri tta-ri-ye-yo.
Ce sont mes enfants.	이 쪽은 제 아이들이예요. i jjo-geun je a-i-deu-ri-ye-yo.
Ce sont nos enfants.	이 쪽은 우리 아이들이예요. i jjo-geun u-ri a-i-deu-ri-ye-yo.

Les adieux

Au revoir!
안녕히 계세요!
an-nyeong-hi gye-se-yo!

Salut!
안녕!
an-nyeong!

À demain.
내일 만나요.
nae-il man-na-yo.

À bientôt.
곧 만나요.
got man-na-yo.

On se revoit à sept heures.
일곱 시에 만나요.
il-gop si-e man-na-yo.

Amusez-vous bien!
재밌게 놀아!
jae-mit-ge no-ra!

On se voit plus tard.
나중에 봐.
na-jung-e bwa.

Bonne fin de semaine.
주말 잘 보내.
ju-mal jal bo-nae.

Bonne nuit.
안녕히 주무세요.
an-nyeong-hi ju-mu-se-yo.

Il est l'heure que je parte.
갈 시간이예요.
gal si-gan-i-ye-yo.

Je dois m'en aller.
가야 해요.
ga-ya hae-yo.

Je reviens tout de suite.
금방 다시 올게요.
geum-bang da-si ol-ge-yo.

Il est tard.
늦었어요.
neu-jeo-seo-yo.

Je dois me lever tôt.
일찍 일어나야 해요.
il-jjik gi-reo-na-ya hae-yo.

Je pars demain.
내일 떠나요.
nae-il tteo-na-yo.

Nous partons demain.
우리는 내일 떠나요.
u-ri-neun nae-il tteo-na-yo.

Bon voyage!
즐거운 여행 되세요!
jeul-geo-un nyeo-haeng doe-se-yo!

Enchanté de faire votre connaissance.
만나서 반가웠어요.
man-na-seo ban-ga-wo-seo-yo.

Heureux /Heureuse/ d'avoir
parlé avec vous.
이야기하느라 즐거웠어요.
i-ya-gi-ha-neu-ra jeul-geo-wo-seo-yo.

Merci pour tout.
전부 다 감사합니다.
jeon-bu da gam-sa-ham-ni-da.

Je me suis vraiment amusé /amusée/	아주 즐거웠어요. a-ju jeul-geo-wo-seo-yo.
Nous nous sommes vraiment amusés /amusées/	우리는 아주 즐거웠어요. u-ri-neun a-ju jeul-geo-wo-seo-yo.
C'était vraiment plaisant.	정말 멋졌어요. jeong-mal meot-jyeo-seo-yo.
Vous allez me manquer.	보고 싶을 거예요. bo-go si-peul geo-ye-yo.
Vous allez nous manquer.	우리는 당신이 보고 싶을 거예요. u-ri-neun dang-sin-i bo-go si-peul geo-ye-yo.

Bonne chance!	행운을 빌어! haeng-u-neul bi-reo!
Mes salutations à …	… 에게 안부 전해 주세요. … e-ge an-bu jeon-hae ju-se-yo.

Une langue étrangère

Je ne comprends pas.	못 알아들었어요. mot a-ra-deu-reo-seo-yo.
Écrivez-le, s'il vous plaît.	적어 주세요. jeo-geo ju-se-yo.
Parlez-vous ...?	··· 하실 수 있어요? ... ha-sil su i-seo-yo?
Je parle un peu ...	저는 ··· 조금 할 수 있어요. jeo-neun ... jo-geum hal su i-seo-yo.
anglais	영어 yeong-eo
turc	터키어 teo-ki-eo
arabe	아랍어 a-ra-beo
français	프랑스어 peu-rang-seu-eo
allemand	독일어 do-gi-reo
italien	이탈리아어 i-tal-li-a-eo
espagnol	스페인어 seu-pe-in-eo
portugais	포르투갈어 po-reu-tu-ga-reo
chinois	중국어 jung-gu-geo
japonais	일본어 il-bon-eo
Pouvez-vous le répéter, s'il vous plaît.	다시 한 번 말해 주세요. da-si han beon mal-hae ju-se-yo.
Je comprends.	알아들었어요. a-ra-deu-reo-seo-yo.
Je ne comprends pas.	못 알아들었어요. mot a-ra-deu-reo-seo-yo.
Parlez plus lentement, s'il vous plaît.	좀 더 천천히 말해 주세요. jom deo cheon-cheon-hi mal-hae ju-se-yo.

Est-ce que c'est correct?

이거 맞아요?
i-geo ma-ja-yo?

Qu'est-ce que c'est?

이게 뭐예요?
i-ge mwo-ye-yo?

Les excuses

Excusez-moi, s'il vous plaît.	실례합니다, 저기요. sil-lye-ham-ni-da, jeo-gi-yo.
Je suis désolé /désolée/	죄송합니다. joe-song-ham-ni-da.
Je suis vraiment /désolée/	정말 죄송합니다. jeong-mal joe-song-ham-ni-da.
Désolé /Désolée/, c'est ma faute.	죄송해요, 제 잘못이예요. joe-song-hae-yo, je jal-mo-si-ye-yo.
Au temps pour moi.	제 실수예요. je sil-su-ye-yo.
Puis-je ... ?	···해도 되나요? ... hae-do doe-na-yo?
Ça vous dérange si je ...?	···해도 괜찮으세요? ...hae-do gwaen-cha-neu-se-yo?
Ce n'est pas grave.	괜찮아요. gwaen-cha-na-yo.
Ça va.	괜찮아요. gwaen-cha-na-yo.
Ne vous inquiétez pas.	걱정하지 마세요. geok-jeong-ha-ji ma-se-yo.

Les accords

Oui	네. ne.
Oui, bien sûr.	네, 물론입니다. ne, mul-lon-im-ni-da.
Bien.	좋아요. jo-a-yo.
Très bien.	아주 좋아요. a-ju jo-a-yo.
Bien sûr!	당연합니다! dang-yeon-ham-ni-da!
Je suis d'accord.	동의해요. dong-ui-hae-yo.
C'est correct.	정확해요. jeong-hwak-ae-yo.
C'est exact.	그게 맞아요. geu-ge ma-ja-yo.
Vous avez raison.	당신이 맞아요. dang-sin-i ma-ja-yo.
Je ne suis pas contre.	저는 신경 쓰지 않아요. jeo-neun sin-gyeong sseu-ji a-na-yo.
Tout à fait correct.	확실히 맞아요. hwak-sil-hi ma-ja-yo.
C'est possible.	가능해요. ga-neung-hae-yo.
C'est une bonne idée.	좋은 생각이에요. jo-eun saeng-ga-gi-ye-yo.
Je ne peux pas dire non.	아니라고 할 수 없어요. a-ni-ra-go hal su eop-seo-yo.
J'en serai ravi /ravie/	기쁘게 할게요. gi-ppeu-ge hal-ge-yo.
Avec plaisir.	기꺼이요. gi-kkeo-i-yo.

Refus, exprimer le doute

Non
아니오.
a-ni-o.

Absolument pas.
절대 아니예요.
jeol-dae a-ni-ye-yo.

Je ne suis pas d'accord.
동의할 수 없어요.
dong-ui-hal su eop-seo-yo.

Je ne le crois pas.
그렇게 생각 안 해요.
geu-reo-ke saeng-gak gan hae-yo.

Ce n'est pas vrai.
그렇지 않아요.
geu-reo-chi a-na-yo.

Vous avez tort.
틀렸어요.
teul-lyeo-seo-yo.

Je pense que vous avez tort.
틀리신 거 같아요.
teul-li-sin geo ga-ta-yo.

Je ne suis pas sûr /sûre/
잘 모르겠어요.
jal mo-reu-ge-seo-yo.

C'est impossible.
불가능해요.
bul-ga-neung-hae-yo.

Pas du tout!
그럴 리가요!
geu-reol li-ga-yo!

Au contraire!
정 반대예요.
jeong ban-dae-ye-yo.

Je suis contre.
저는 반대예요.
jeo-neun ban-dae-ye-yo.

Ça m'est égal.
저는 신경 안 써요.
jeo-neun sin-gyeong an sseo-yo.

Je n'ai aucune idée.
모르겠어요.
mo-reu-ge-seo-yo.

Je doute que cela soit ainsi.
그건 아닌 것 같아요.
geu-geon a-nin geot ga-ta-yo.

Désolé /Désolée/, je ne peux pas.
죄송합니다. 못 해요.
joe-song-ham-ni-da. mot tae-yo.

Désolé /Désolée/, je ne veux pas.
죄송합니다. 하기 싫어요.
joe-song-ham-ni-da. ha-gi si-reo-yo.

Merci, mais ça ne m'intéresse pas.
감사합니다, 하지만 필요
없어요.
gam-sa-ham-ni-da, ha-ji-man pi-ryo
eop-seo-yo.

Il se fait tard.
좀 늦었네요.
jom neu-jeon-ne-yo.

Je dois me lever tôt.

일찍 일어나야 해요.
il-jjik gi-reo-na-ya hae-yo.

Je ne me sens pas bien.

몸이 안 좋아요.
mom-i an jo-a-yo.

Exprimer la gratitude

Merci.

감사합니다.
gam-sa-ham-ni-da.

Merci beaucoup.

대단히 감사합니다.
dae-dan-hi gam-sa-ham-ni-da.

Je l'apprécie beaucoup.

정말로 감사히
생각해요.
jeong-mal-lo gam-sa-hi
saeng-gak-ae-yo.

Je vous suis très reconnaissant.

당신에게 정말로
감사해요.
dang-sin-e-ge jeong-mal-lo
gam-sa-hae-yo.

Nous vous sommes très reconnaissant.

저희는 당신에게 정말로
감사해요.
jeo-hui-neun dang-sin-e-ge jeong-mal-lo
gam-sa-hae-yo.

Merci pour votre temps.

시간 내 주셔서
감사합니다.
si-gan nae ju-syeo-seo
gam-sa-ham-ni-da.

Merci pour tout.

전부 다 감사합니다.
jeon-bu da gam-sa-ham-ni-da.

Merci pour ...

···에 대해 감사합니다.
...e dae-hae gam-sa-ham-ni-da.

votre aide

도움
do-um

les bons moments passés

즐거운 시간
jeul-geo-un si-gan

un repas merveilleux

훌륭한 식사
hul-lyung-han sik-sa

cette agréable soirée

만족스러운 저녁
man-jok-seu-reo-un jeo-nyeok

cette merveilleuse journée

훌륭한 하루
hul-lyung-han ha-ru

une excursion extraordinaire

근사한 여행
geun-sa-han nyeo-haeng

Il n'y a pas de quoi.

별 말씀을요.
byeol mal-sseu-meu-ryo.

Vous êtes les bienvenus.

천만에요.
cheon-man-e-yo.

Mon plaisir.

언제든지요.
eon-je-deun-ji-yo.

J'ai été heureux /heureuse/
de vous aider.

제가 즐거웠어요.
je-ga jeul-geo-wo-seo-yo.

Ça va. N'y pensez plus.

됐어요.
dwae-seo-yo.

Ne vous inquiétez pas.

걱정하지 마세요.
geok-jeong-ha-ji ma-se-yo.

Félicitations. Vœux de fête

Félicitations!
축하합니다!
chuk-a-ham-ni-da!

Joyeux anniversaire!
생일 축하합니다!
saeng-il chuk-a-ham-ni-da!

Joyeux Noël!
메리 크리스마스!
me-ri keu-ri-seu-ma-seu!

Bonne Année!
새해 복 많이 받으세요!
sae-hae bok ma-ni ba-deu-se-yo!

Joyeuses Pâques!
즐거운 부활절 되세요!
jeul-geo-un bu-hwal-jeol doe-se-yo!

Joyeux Hanoukka!
즐거운 하누카 되세요!
jeul-geo-un ha-nu-ka doe-se-yo!

Je voudrais proposer un toast.
건배해요.
geon-bae-hae-yo.

Santé!
건배!
geon-bae!

Buvons à …!
… 위하여!
... wi-ha-yeo!

À notre succès!
성공을 위하여!
seong-gong-eul rwi-ha-yeo!

À votre succès!
성공을 위하여!
seong-gong-eul rwi-ha-yeo!

Bonne chance!
행운을 빌어!
haeng-u-neul bi-reo!

Bonne journée!
좋은 하루 되세요!
jo-eun ha-ru doe-se-yo!

Passez de bonnes vacances !
좋은 휴일 되세요!
jo-eun hyu-il doe-se-yo!

Bon voyage!
안전한 여행 되세요!
an-jeon-han nyeo-haeng doe-se-yo!

Rétablissez-vous vite.
빨리 나으세요!
ppal-li na-eu-se-yo!

Socialiser

Pourquoi êtes-vous si triste?
왜 슬퍼하세요?
wae seul-peo-ha-se-yo?

Souriez!
웃으세요! 기운 내세요!
us-eu-se-yo! gi-un nae-se-yo!

Êtes-vous libre ce soir?
오늘 밤에 시간 있으세요?
o-neul bam-e si-gan i-seu-se-yo?

Puis-je vous offrir un verre?
제가 한 잔 살까요?
je-ga han jan sal-kka-yo?

Voulez-vous danser?
춤 추실래요?
chum chu-sil-lae-yo?

Et si on va au cinéma?
영화 보러 갑시다.
yeong-hwa bo-reo gap-si-da.

Puis-je vous inviter ...
···에 초대해도 될까요?
...e cho-dae-hae-do doel-kka-yo?

au restaurant
음식점
eum-sik-jeom

au cinéma
영화관
yeong-hwa-gwan

au théâtre
극장
geuk-jang

pour une promenade
산책
san-chaek

À quelle heure?
몇 시예요?
myeot si-e-yo?

ce soir
오늘밤
o-neul-bam

à six heures
여섯 시
yeo-seot si

à sept heures
일곱 시
il-gop si

à huit heures
여덟 시
yeo-deol si

à neuf heures
아홉 시
a-hop si

Est-ce que vous aimez cet endroit?
여기가 마음에 드세요?
yeo-gi-ga ma-eum-e deu-se-yo?

Êtes-vous ici avec quelqu'un?
누구랑 같이 왔어요?
nu-gu-rang ga-chi wa-seo-yo?

Je suis avec mon ami.
친구랑 같이 왔어요.
chin-gu-rang ga-chi wa-seo-yo.

Je suis avec mes amis.	친구들이랑 같이 왔어요. chin-gu-deu-ri-rang ga-chi wa-seo-yo.
Non, je suis seul /seule/	아니오, 혼자 왔어요. a-ni-o, hon-ja wa-seo-yo.

As-tu un copain?	남자친구 있어? nam-ja-chin-gu i-seo?
J'ai un copain.	남자친구 있어. nam-ja-chin-gu i-seo.
As-tu une copine?	여자친구 있어? yeo-ja-chin-gu i-seo?
J'ai une copine.	여자친구 있어. yeo-ja-chin-gu i-seo.

Est-ce que je peux te revoir?	다시 만날래? da-si man-nal-lae?
Est-ce que je peux t'appeler?	전화해도 돼? jeon-hwa-hae-do dwae?
Appelle-moi.	전화해 줘. jeon-hwa-hae jwo.
Quel est ton numéro?	전화번호가 뭐야? jeon-hwa-beon-ho-ga mwo-ya?
Tu me manques.	보고싶어. bo-go-si-peo.

Vous avez un très beau nom.	이름이 아름다우시네요. i-reum-i a-reum-da-u-si-ne-yo.
Je t'aime.	사랑해. sa-rang-hae.
Veux-tu te marier avec moi?	결혼해 줄래? gyeol-hon-hae jul-lae?

Vous plaisantez!	장난치지 마세요! jang-nan-chi-ji ma-se-yo!
Je plaisante.	장난이었어요. jang-nan-i-eo-seo-yo.

Êtes-vous sérieux /sérieuse/?	진심이세요? jin-sim-i-se-yo?
Je suis sérieux /sérieuse/	진심이예요. jin-sim-i-ye-yo.
Vraiment?!	정말로요?! jeong-mal-lo-yo?!
C'est incroyable!	믿을 수 없어요! mi-deul su eop-seo-yo!
Je ne vous crois pas.	당신을 믿지 않아요. dang-si-neul mit-ji a-na-yo.

Je ne peux pas.	그럴 수 없어요. geu-reol su eop-seo-yo.
Je ne sais pas.	모르겠어요. mo-reu-ge-seo-yo.

Je ne vous comprends pas   무슨 말인지 모르겠어요.
mu-seun ma-rin-ji mo-reu-ge-seo-yo.

Laissez-moi! Allez-vous-en!   저리 가세요.
jeo-ri ga-se-yo.

Laissez-moi tranquille!   혼자 있고 싶어요!
hon-ja it-go si-peo-yo!

Je ne le supporte pas.   그를 견딜 수 없어요.
geu-reul gyeon-dil su eop-seo-yo.

Vous êtes dégoûtant!   당신 역겨워요!
dang-sin nyeok-gyeo-wo-yo!

Je vais appeler la police!   경찰을 부를 거예요!
gyeong-cha-reul bu-reul geo-ye-yo!

Partager des impressions. Émotions

J'aime ça. | 마음에 들어요.
ma-eum-e deu-reo-yo.

C'est gentil. | 아주 좋아요.
a-ju jo-a-yo.

C'est super! | 멋져요!
meot-jyeo-yo!

C'est assez bien. | 나쁘지 않아요.
na-ppeu-ji a-na-yo.

Je n'aime pas ça. | 마음에 들지 않아요.
ma-eum-e deul-ji a-na-yo.

Ce n'est pas bien. | 좋지 않아요.
jo-chi a-na-yo.

C'est mauvais. | 나빠요.
na-ppa-yo.

Ce n'est pas bien du tout. | 아주 나빠요.
a-ju na-ppa-yo.

C'est dégoûtant. | 역겨워요.
yeok-gyeo-wo-yo.

Je suis content /contente/ | 저는 행복해요.
jeo-neun haeng-bok-ae-yo.

Je suis heureux /heureuse/ | 저는 만족해요.
jeo-neun man-jok-ae-yo.

Je suis amoureux /amoureuse/ | 저는 사랑에 빠졌어요.
jeo-neun sa-rang-e ppa-jyeo-seo-yo.

Je suis calme. | 저는 침착해요.
jeo-neun chim-chak-ae-yo.

Je m'ennuie. | 저는 지루해요.
jeo-neun ji-ru-hae-yo.

Je suis fatigué /fatiguée/ | 저는 지쳤어요.
jeo-neun ji-chyeo-seo-yo.

Je suis triste. | 저는 슬퍼요.
jeo-neun seul-peo-yo.

J'ai peur. | 저는 무서워요.
jeo-neun mu-seo-wo-yo.

Je suis fâché /fâchée/ | 저는 화났어요.
jeo-neun hwa-na-seo-yo.

Je suis inquiet /inquiète/ | 저는 걱정이 돼요.
jeo-neun geok-jeong-i dwae-yo.

Je suis nerveux /nerveuse/ | 저는 긴장이 돼요.
jeo-neun gin-jang-i dwae-yo.

Je suis jaloux /jalouse/   저는 부러워요.
jeo-neun bu-reo-wo-yo.

Je suis surpris /surprise/   놀랐어요.
nol-la-seo-yo.

Je suis gêné /gênée/   당황했어요.
dang-hwang-hae-seo-yo.

Problèmes. Accidents

J'ai un problème.	문제가 있어요. mun-je-ga i-seo-yo.
Nous avons un problème.	우리는 문제가 있어요. u-ri-neun mun-je-ga i-seo-yo.
Je suis perdu /perdue/	길을 잃었어요. gi-reul ri-reo-seo-yo.
J'ai manqué le dernier bus (train).	마지막 버스 (기차)를 놓쳤어요. ma-ji-mak beo-seu (gi-cha)reul lo-chyeo-seo-yo.
Je n'ai plus d'argent.	돈이 다 떨어졌어요. don-i da tteo-reo-jyeo-seo-yo.

J'ai perdu mon ...	··· 잃어버렸어요. ... i-reo-beo-ryeo-seo-yo.
On m'a volé mon ...	제 ··· 누가 훔쳐갔어요. je ... nu-ga hum-chyeo-ga-seo-yo.

passeport	여권 yeo-gwon
portefeuille	지갑 ji-gap
papiers	서류 seo-ryu
billet	표 pyo

argent	돈 don
sac à main	핸드백 haen-deu-baek
appareil photo	카메라 ka-me-ra
portable	노트북 no-teu-buk
ma tablette	타블렛피씨 ta-beul-let-pi-ssi
mobile	핸드폰 haen-deu-pon

Au secours!	도와주세요! do-wa-ju-se-yo!
Qu'est-il arrivé?	무슨 일이 있었어요? mu-seun i-ri i-seo-seo-yo?

un incendie
화재
hwa-jae

des coups de feu
총격
chong-gyeok

un meurtre
살인
sa-rin

une explosion
폭발
pok-bal

une bagarre
폭행
pok-aeng

Appelez la police!
경찰을 불러 주세요!
gyeong-cha-reul bul-leo ju-se-yo!

Dépêchez-vous, s'il vous plaît!
제발 서둘러요!
je-bal seo-dul-leo-yo!

Je cherche le commissariat de police.
경찰서를 찾고 있어요.
gyeong-chal-seo-reul chat-go i-seo-yo.

Il me faut faire un appel.
전화를 걸어야 해요.
jeon-hwa-reul geo-reo-ya hae-yo.

Puis-je utiliser votre téléphone?
전화를 빌려주실 수 있어요?
jeon-hwa-reul bil-lyeo-ju-sil su i-seo-yo?

J'ai été …
저는 … 당했어요.
jeo-neun ... dang-hae-seo-yo.

agressé /agressée/
강도
gang-do

volé /volée/
도둑질
do-duk-jil

violée
강간
gang-gan

attaqué /attaquée/
폭행
pok-aeng

Est-ce que ça va?
괜찮으세요?
gwaen-cha-neu-se-yo?

Avez-vous vu qui c'était?
누구였는지 보셨어요?
nu-gu-yeon-neun-ji bo-syeo-seo-yo?

Pourriez-vous reconnaître
cette personne?
그 사람을 알아볼 수
있겠어요?
geu sa-ra-meul ra-ra-bol su
it-ge-seo-yo?

Vous êtes sûr?
확실해요?
hwak-sil-hae-yo?

Calmez-vous, s'il vous plaît.
제발 진정해요.
je-bal jin-jeong-hae-yo.

Calmez-vous!
마음을 가라앉히세요!
ma-eu-meul ga-ra-an-chi-se-yo!

Ne vous inquiétez pas.
걱정하지 마세요!
geok-jeong-ha-ji ma-se-yo!

Tout ira bien.
다 잘 될 거예요.
da jal doel geo-ye-yo.

Ça va. Tout va bien.	다 괜찮아요. da gwaen-cha-na-yo.
Venez ici, s'il vous plaît.	이 쪽으로 오세요. i jjo-geu-ro o-se-yo.
J'ai des questions à vous poser.	질문이 있습니다. jil-mun-i it-seum-ni-da.
Attendez un moment, s'il vous plaît.	잠시 기다려 주세요. jam-si gi-da-ryeo ju-se-yo.
Avez-vous une carte d'identité?	신분증 있습니까? sin-bun-jeung it-seum-ni-kka?
Merci. Vous pouvez partir maintenant.	감사합니다. 이제 가셔도 됩니다. gam-sa-ham-ni-da. i-je ga-syeo-do doem-ni-da.
Les mains derrière la tête!	손 머리 위로 들어! son meo-ri wi-ro deu-reo!
Vous êtes arrêté!	체포한다! che-po-han-da!

Problèmes de santé

Aidez-moi, s'il vous plaît.

도와주세요.
do-wa-ju-se-yo.

Je ne me sens pas bien.

몸이 안 좋아요.
mom-i an jo-a-yo.

Mon mari ne se sent pas bien.

제 남편이 몸이 안 좋아요.
je nam-pyeon-i mom-i an jo-a-yo.

Mon fils …

제 아들이 …
je a-deu-ri …

Mon père …

제 아버지가 …
je a-beo-ji-ga …

Ma femme ne se sent pas bien.

제 아내가 몸이 안 좋아요.
je a-nae-ga mom-i an jo-a-yo.

Ma fille …

제 딸이 …
je tta-ri …

Ma mère …

제 어머니가 …
je eo-meo-ni-ga …

J'ai mal …

…이 있어요.
…i i-seo-yo.

à la tête

두통
du-tong

à la gorge

인후통
in-hu-tong

à l'estomac

복통
bok-tong

aux dents

치통
chi-tong

J'ai le vertige.

어지러워요.
eo-ji-reo-wo-yo.

Il a de la fièvre.

그는 열이 있어요.
geu-neun nyeo-ri i-seo-yo.

Elle a de la fièvre.

그녀는 열이 있어요.
geu-nyeo-neun nyeo-ri i-seo-yo.

Je ne peux pas respirer.

숨을 못 쉬겠어요.
su-meul mot swi-ge-seo-yo.

J'ai du mal à respirer.

숨이 차요.
sum-i cha-yo.

Je suis asthmatique.

저는 천식이 있어요.
jeo-neun cheon-si-gi i-seo-yo.

Je suis diabétique.

저는 당뇨가 있어요.
jeo-neun dang-nyo-ga i-seo-yo.

Je ne peux pas dormir.	저는 잠을 못 자요. jeo-neun ja-meul mot ja-yo.
intoxication alimentaire	식중독 sik-jung-dok

Ça fait mal ici.	여기가 아파요. yeo-gi-ga a-pa-yo.
Aidez-moi!	도와주세요! do-wa-ju-se-yo!
Je suis ici!	여기 있어요! yeo-gi i-seo-yo!
Nous sommes ici!	우리 여기 있어요! u-ri yeo-gi i-seo-yo!
Sortez-moi d'ici!	꺼내주세요! kkeo-nae-ju-se-yo!
J'ai besoin d'un docteur.	의사가 필요해요. ui-sa-ga pi-ryo-hae-yo.
Je ne peux pas bouger!	못 움직이겠어요. mot um-ji-gi-ge-seo-yo.
Je ne peux pas bouger mes jambes.	다리를 못 움직이겠어요. da-ri-reul mot um-ji-gi-ge-seo-yo.

Je suis blessé /blessée/	다쳤어요. da-chyeo-seo-yo.
Est-ce que c'est sérieux?	심각한가요? sim-gak-an-ga-yo?
Mes papiers sont dans ma poche.	주머니에 제 서류가 있어요. ju-meo-ni-e je seo-ryu-ga i-seo-yo.
Calmez-vous!	진정해요! jin-jeong-hae-yo!
Puis-je utiliser votre téléphone?	전화를 빌려주실 수 있어요? jeon-hwa-reul bil-lyeo-ju-sil su i-seo-yo?

Appelez une ambulance!	구급차를 불러 주세요! gu-geup-cha-reul bul-leo ju-se-yo!
C'est urgent!	급해요! geu-pae-yo!
C'est une urgence!	긴급 상황이에요! gin-geup sang-hwang-i-e-yo!
Dépêchez-vous, s'il vous plaît!	제발 서둘러요! je-bal seo-dul-leo-yo!
Appelez le docteur, s'il vous plaît.	의사를 불러주시겠어요? ui-sa-reul bul-leo-ju-si-ge-seo-yo?
Où est l'hôpital?	병원은 어디 있어요? byeong-wo-neun eo-di i-seo-yo?

Comment vous sentez-vous?	기분이 어떠세요? gi-bun-i eo-tteo-se-yo?
Est-ce que ça va?	괜찮으세요? gwaen-cha-neu-se-yo?
Qu'est-il arrivé?	무슨 일이 있었어요? mu-seun i-ri i-seo-seo-yo?

Je me sens mieux maintenant.

이제 나아졌어요.
i-je na-a-jyeo-seo-yo.

Ça va. Tout va bien.

괜찮아요.
gwaen-cha-na-yo.

Ça va.

괜찮아요.
gwaen-cha-na-yo.

À la pharmacie

pharmacie	약국 yak-guk
pharmacie 24 heures	24시간 약국 i-sip-sa-si-gan nyak-guk
Où se trouve la pharmacie la plus proche?	가장 가까운 약국이 어디예요? ga-jang ga-kka-un nyak-gu-gi eo-di-ye-yo?

Est-elle ouverte en ce moment?	지금 열었어요? ji-geum myeo-reo-seo-yo?
À quelle heure ouvre-t-elle?	몇 시에 열어요? myeot si-e yeo-reo-yo?
à quelle heure ferme-t-elle?	몇 시에 닫아요? myeot si-e da-da-yo?

C'est loin?	멀어요? meo-reo-yo?
Est-ce que je peux y aller à pied?	걸어갈 수 있어요? geo-reo-gal su i-seo-yo?
Pouvez-vous me le montrer sur la carte?	지도에서 보여주실 수 있어요? ji-do-e-seo bo-yeo-ju-sil su i-seo-yo?

Pouvez-vous me donner quelque chose contre ...	···에 듣는 약 주세요. ...e deun-neun nyak ju-se-yo.
le mal de tête	두통 du-tong
la toux	기침 gi-chim
le rhume	감기 gam-gi
la grippe	독감 dok-gam

la fièvre	열 yeol
un mal d'estomac	복통 bok-tong
la nausée	구토 gu-to
la diarrhée	설사 seol-sa
la constipation	변비 byeon-bi

un mal de dos	등 통증 deung tong-jeung
les douleurs de poitrine	가슴 통증 ga-seum tong-jeung
les points de côté	옆구리 당김 yeop-gu-ri dang-gim
les douleurs abdominales	배 통증 bae tong-jeung

une pilule	알약 a-ryak
un onguent, une crème	연고 yeon-go
un sirop	물약 mul-lyak
un spray	스프레이 seu-peu-re-i
les gouttes	안약 a-nyak

Vous devez allez à l'hôpital.	병원에 가셔야 해요. byeong-won-e ga-syeo-ya hae-yo.
assurance maladie	건강보험 geon-gang-bo-heom
prescription	처방전 cheo-bang-jeon
produit anti-insecte	방충제 bang-chung-je
bandages adhésifs	밴드에이드 baen-deu-e-i-deu

Les essentiels

Excusez-moi, ...	실례합니다, ··· sil-lye-ham-ni-da, ...
Bonjour	안녕하세요. an-nyeong-ha-se-yo.
Merci	감사합니다. gam-sa-ham-ni-da.
Au revoir	안녕히 계세요. an-nyeong-hi gye-se-yo.
Oui	네. ne.
Non	아니오. a-ni-o.
Je ne sais pas.	모르겠어요. mo-reu-ge-seo-yo.
Où?	Où?	Quand?	어디예요?	어디까지 가세요? | 언제요? eo-di-ye-yo?	eo-di-kka-ji ga-se-yo? | eon-je-yo?

J'ai besoin de ...	··· 필요해요. ... pi-ryo-hae-yo.
Je veux ...	··· 싶어요. ... si-peo-yo.
Avez-vous ... ?	··· 있으세요? ... i-seu-se-yo?
Est-ce qu'il y a ... ici?	여기 ··· 있어요? yeo-gi ... i-seo-yo?
Puis-je ... ?	···해도 되나요? ... hae-do doe-na-yo?
s'il vous plaît (pour une demande)	···, 부탁합니다. ..., bu-tak-am-ni-da.

Je cherche ...	··· 찾고 있어요. ... chat-go i-seo-yo.
les toilettes	화장실 hwa-jang-sil
un distributeur	현금인출기 hyeon-geum-in-chul-gi
une pharmacie	약국 yak-guk
l'hôpital	병원 byeong-won
le commissariat de police	경찰서 gyeong-chal-seo

une station de métro	지하철 ji-ha-cheol
un taxi	택시 taek-si
la gare	기차역 gi-cha-yeok

Je m'appelle ...	제 이름은 … 입니다. je i-reu-meun ... im-ni-da.
Comment vous appelez-vous?	성함이 어떻게 되세요? seong-ham-i eo-tteo-ke doe-se-yo?
Aidez-moi, s'il vous plaît.	도와주세요. do-wa-ju-se-yo.
J'ai un problème.	문제가 있어요. mun-je-ga i-seo-yo.
Je ne me sens pas bien.	몸이 안 좋아요. mom-i an jo-a-yo.
Appelez une ambulance!	구급차를 불러 주세요! gu-geup-cha-reul bul-leo ju-se-yo!
Puis-je faire un appel?	전화를 써도 되나요? jeon-hwa-reul sseo-do doe-na-yo?

Excusez-moi.	죄송합니다. joe-song-ham-ni-da.
Je vous en prie.	천만에요. cheon-man-e-yo.

je, moi	저 jeo
tu, toi	너 neo
il	그 geu
elle	그녀 geu-nyeo
ils	그들 geu-deul
elles	그들 geu-deul
nous	우리 u-ri
vous	너희 neo-hui
Vous	당신 dang-sin

ENTRÉE	입구 ip-gu
SORTIE	출구 chul-gu
HORS SERVICE	EN PANNE	고장 go-jang

FERMÉ	**닫힘** da-chim
OUVERT	**열림** yeol-lim
POUR LES FEMMES	**여성용** yeo-seong-yong
POUR LES HOMMES	**남성용** nam-seong-yong

T&P BOOKS

MINI DICTIONNAIRE

Cette section contient
250 mots, utiles nécessaires
à la communication
quotidienne.
Vous y trouverez le nom
des mois et des jours.
Le dictionnaire contient
aussi des sujets aussi variés
que les couleurs, les unités
de mesure, la famille et plus

T&P Books Publishing

CONTENU DU DICTIONNAIRE

T&P Books Publishing

1. Le temps. Le calendrier

temps (m)	시간	si-gan
heure (f)	시	si
demi-heure (f)	반시간	ban-si-gan
minute (f)	분	bun
seconde (f)	초	cho
aujourd'hui (adv)	오늘	o-neul
demain (adv)	내일	nae-il
hier (adv)	어제	eo-je
lundi (m)	월요일	wo-ryo-il
mardi (m)	화요일	hwa-yo-il
mercredi (m)	수요일	su-yo-il
jeudi (m)	목요일	mo-gyo-il
vendredi (m)	금요일	geu-myo-il
samedi (m)	토요일	to-yo-il
dimanche (m)	일요일	i-ryo-il
jour (m)	낮	nat
jour (m) ouvrable	근무일	geun-mu-il
jour (m) férié	공휴일	gong-hyu-il
week-end (m)	주말	ju-mal
semaine (f)	주	ju
la semaine dernière	지난 주에	ji-nan ju-e
la semaine prochaine	다음 주에	da-eum ju-e
le matin	아침에	a-chim-e
dans l'après-midi	오후에	o-hu-e
le soir	저녁에	jeo-nyeo-ge
ce soir	오늘 저녁에	o-neul jeo-nyeo-ge
la nuit	밤에	bam-e
minuit (f)	자정	ja-jeong
janvier (m)	일월	i-rwol
février (m)	이월	i-wol
mars (m)	삼월	sam-wol
avril (m)	사월	sa-wol
mai (m)	오월	o-wol
juin (m)	유월	yu-wol
juillet (m)	칠월	chi-rwol
août (m)	팔월	pa-rwol

septembre (m)	구월	gu-wol
octobre (m)	시월	si-wol
novembre (m)	십일월	si-bi-rwol
décembre (m)	십이월	si-bi-wol

au printemps	봄에	bom-e
en été	여름에	yeo-reum-e
en automne	가을에	ga-eu-re
en hiver	겨울에	gyeo-u-re

mois (m)	월, 달	wol, dal
saison (f)	계절	gye-jeol
année (f)	년	nyeon

2. Nombres. Adjectifs numéraux

zéro	영	yeong
un	일	il
deux	이	i
trois	삼	sam
quatre	사	sa

cinq	오	o
six	육	yuk
sept	칠	chil
huit	팔	pal
neuf	구	gu
dix	십	sip

onze	십일	si-bil
douze	십이	si-bi
treize	십삼	sip-sam
quatorze	십사	sip-sa
quinze	십오	si-bo

seize	십육	si-byuk
dix-sept	십칠	sip-chil
dix-huit	십팔	sip-pal
dix-neuf	십구	sip-gu

vingt	이십	i-sip
trente	삼십	sam-sip
quarante	사십	sa-sip
cinquante	오십	o-sip

soixante	육십	yuk-sip
soixante-dix	칠십	chil-sip
quatre-vingts	팔십	pal-sip
quatre-vingt-dix	구십	gu-sip
cent	백	baek

deux cents	이백	i-baek
trois cents	삼백	sam-baek
quatre cents	사백	sa-baek
cinq cents	오백	o-baek
six cents	육백	yuk-baek
sept cents	칠백	chil-baek
huit cents	팔백	pal-baek
neuf cents	구백	gu-baek
mille	천	cheon
dix mille	만	man
cent mille	십만	sim-man
million (m)	백만	baeng-man
milliard (m)	십억	si-beok

3. L'être humain. La famille

homme (m)	남자	nam-ja
jeune homme (m)	젊은 분	jeol-meun bun
femme (f)	여자	yeo-ja
jeune fille (f)	소녀, 아가씨	so-nyeo, a-ga-ssi
vieillard (m)	노인	no-in
vieille femme (f)	노인	no-in
mère (f)	어머니	eo-meo-ni
père (m)	아버지	a-beo-ji
fils (m)	아들	a-deul
fille (f)	딸	ttal
frère (m)	형제	hyeong-je
sœur (f)	자매	ja-mae
parents (m pl)	부모	bu-mo
enfant (m, f)	아이, 아동	a-i, a-dong
enfants (pl)	아이들	a-i-deul
belle-mère (f)	계모	gye-mo
beau-père (m)	계부	gye-bu
grand-mère (f)	할머니	hal-meo-ni
grand-père (m)	할아버지	ha-ra-beo-ji
petit-fils (m)	손자	son-ja
petite-fille (f)	손녀	son-nyeo
petits-enfants (pl)	손자들	son-ja-deul
oncle (m)	삼촌	sam-chon
neveu (m)	조카	jo-ka
nièce (f)	조카딸	jo-ka-ttal
femme (f)	아내	a-nae
mari (m)	남편	nam-pyeon

marié (adj)	결혼한	gyeol-hon-han
mariée (adj)	결혼한	gyeol-hon-han
veuve (f)	과부	gwa-bu
veuf (m)	홀아비	ho-ra-bi
prénom (m)	이름	i-reum
nom (m) de famille	성	seong
parent (m)	친척	chin-cheok
ami (m)	친구	chin-gu
amitié (f)	우정	u-jeong
partenaire (m)	파트너	pa-teu-neo
supérieur (m)	윗사람	wit-sa-ram
collègue (m, f)	동료	dong-nyo
voisins (m pl)	이웃들	i-ut-deul

4. Le corps humain. L'anatomie

corps (m)	몸	mom
cœur (m)	심장	sim-jang
sang (m)	피	pi
cerveau (m)	두뇌	du-noe
os (m)	뼈	ppyeo
colonne (f) vertébrale	등뼈	deung-ppyeo
côte (f)	늑골	neuk-gol
poumons (m pl)	폐	pye
peau (f)	피부	pi-bu
tête (f)	머리	meo-ri
visage (m)	얼굴	eol-gul
nez (m)	코	ko
front (m)	이마	i-ma
joue (f)	뺨, 볼	ppyam, bol
bouche (f)	입	ip
langue (f)	혀	hyeo
dent (f)	이	i
lèvres (f pl)	입술	ip-sul
menton (m)	턱	teok
oreille (f)	귀	gwi
cou (m)	목	mok
œil (m)	눈	nun
pupille (f)	눈동자	nun-dong-ja
sourcil (m)	눈썹	nun-sseop
cil (m)	속눈썹	song-nun-sseop
cheveux (m pl)	머리털, 헤어	meo-ri-teol, he-eo
coiffure (f)	머리 스타일	meo-ri seu-ta-il

moustache (f)	콧수염	kot-su-yeom
barbe (f)	턱수염	teok-su-yeom
porter (~ la barbe)	기르다	gi-reu-da
chauve (adj)	대머리인	dae-meo-ri-in
main (f)	손	son
bras (m)	팔	pal
doigt (m)	손가락	son-ga-rak
ongle (m)	손톱	son-top
paume (f)	손바닥	son-ba-dak
épaule (f)	어깨	eo-kkae
jambe (f)	다리	da-ri
genou (m)	무릎	mu-reup
talon (m)	발뒤꿈치	bal-dwi-kkum-chi
dos (m)	등	deung

5. Les vêtements. Les accessoires personnels

vêtement (m)	옷	ot
manteau (m)	코트	ko-teu
manteau (m) de fourrure	모피 외투	mo-pi oe-tu
veste (f) (~ en cuir)	재킷	jae-kit
imperméable (m)	트렌치코트	teu-ren-chi-ko-teu
chemise (f)	셔츠	syeo-cheu
pantalon (m)	바지	ba-ji
veston (m)	재킷	jae-kit
complet (m)	양복	yang-bok
robe (f)	드레스	deu-re-seu
jupe (f)	치마	chi-ma
tee-shirt (m)	티셔츠	ti-syeo-cheu
peignoir (m) de bain	목욕가운	mo-gyok-ga-un
pyjama (m)	파자마	pa-ja-ma
tenue (f) de travail	작업복	ja-geop-bok
sous-vêtements (m pl)	속옷	so-got
chaussettes (f pl)	양말	yang-mal
soutien-gorge (m)	브라	beu-ra
collants (m pl)	팬티 스타킹	paen-ti seu-ta-king
bas (m pl)	밴드 스타킹	baen-deu seu-ta-king
maillot (m) de bain	수영복	su-yeong-bok
chapeau (m)	모자	mo-ja
chaussures (f pl)	신발	sin-bal
bottes (f pl)	부츠	bu-cheu
talon (m)	굽	gup
lacet (m)	끈	kkeun
cirage (m)	구두약	gu-du-yak

gants (m pl)	장갑	jang-gap
moufles (f pl)	벙어리장갑	beong-eo-ri-jang-gap
écharpe (f)	목도리	mok-do-ri
lunettes (f pl)	안경	an-gyeong
parapluie (m)	우산	u-san
cravate (f)	넥타이	nek-ta-i
mouchoir (m)	손수건	son-su-geon
peigne (m)	빗	bit
brosse (f) à cheveux	빗, 솔빗	bit, sol-bit
boucle (f)	버클	beo-keul
ceinture (f)	벨트	bel-teu
sac (m) à main	핸드백	haen-deu-baek

6. La maison. L'appartement

appartement (m)	아파트	a-pa-teu
chambre (f)	방	bang
chambre (f) à coucher	침실	chim-sil
salle (f) à manger	식당	sik-dang
salon (m)	거실	geo-sil
bureau (m)	서재	seo-jae
antichambre (f)	곁방	gyeot-bang
salle (f) de bains	욕실	yok-sil
toilettes (f pl)	화장실	hwa-jang-sil
aspirateur (m)	진공 청소기	jin-gong cheong-so-gi
balai (m) à franges	대걸레	dae-geol-le
torchon (m)	행주	haeng-ju
balayette (f) de sorgho	빗자루	bit-ja-ru
pelle (f) à ordures	쓰레받기	sseu-re-bat-gi
meubles (m pl)	가구	ga-gu
table (f)	식탁, 테이블	sik-tak, te-i-beul
chaise (f)	의자	ui-ja
fauteuil (m)	안락 의자	al-lak gui-ja
miroir (m)	거울	geo-ul
tapis (m)	양탄자	yang-tan-ja
cheminée (f)	벽난로	byeong-nan-no
rideaux (m pl)	커튼	keo-teun
lampe (f) de table	테이블 램프	deung
lustre (m)	샹들리에	syang-deul-li-e
cuisine (f)	부엌	bu-eok
cuisinière (f) à gaz	가스 레인지	ga-seu re-in-ji
cuisinière (f) électrique	전기 레인지	jeon-gi re-in-ji
four (m) micro-ondes	전자 레인지	jeon-ja re-in-ji

réfrigérateur (m)	냉장고	naeng-jang-go
congélateur (m)	냉동고	naeng-dong-go
lave-vaisselle (m)	식기 세척기	sik-gi se-cheok-gi
robinet (m)	수도꼭지	su-do-kkok-ji

hachoir (m) à viande	고기 분쇄기	go-gi bun-swae-gi
centrifugeuse (f)	과즙기	gwa-jeup-gi
grille-pain (m)	토스터	to-seu-teo
batteur (m)	믹서기	mik-seo-gi

machine (f) à café	커피 메이커	keo-pi me-i-keo
bouilloire (f)	주전자	ju-jeon-ja
théière (f)	티팟	ti-pat

téléviseur (m)	텔레비전	tel-le-bi-jeon
magnétoscope (m)	비디오테이프 녹화기	bi-di-o-te-i-peu nok-wa-gi
fer (m) à repasser	다리미	da-ri-mi
téléphone (m)	전화	jeon-hwa